DISCOURS

PRONONCÉ A L'OCCASION
DE L'ANNIVERSAIRE
DE LA MORT
DU DERNIER ROI
DES FRANÇAIS,

célébré à Colmar le 2 pluviôse, an VI.

PAR

LE CITOYEN MOUCHEREL,

Président du Tribunal criminel du Haut-Rhin.

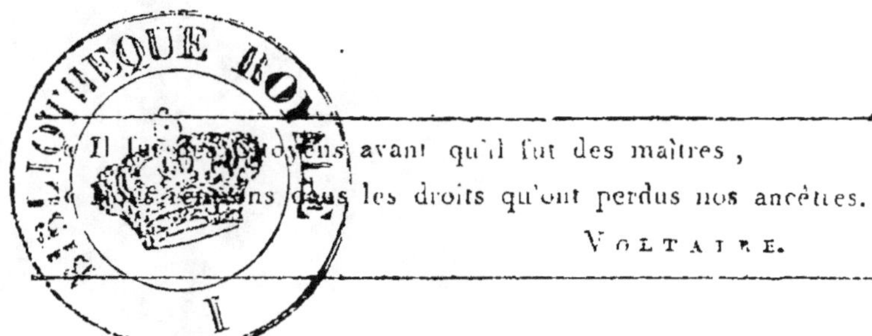

Il fut des citoyens avant qu'il fut des maîtres,
Nous rentrons dans les droits qu'ont perdus nos ancêtres.

VOLTAIRE.

A COLMAR,

Chez L. Philippe Chayrou, Imprimeur.

DISCOURS

PRONONCÉ
A L'OCCASION DE L'ANNIVERSAIRE
DE LA MORT
DU DERNIER ROI
DES FRANÇAIS.

Célébré à Colmar le 2 pluviôse, an VI.

————————

CITOYENS,

Réunis dans cette enceinte, où la liberté préside, pour y renouveller le serment de haine aux tirans, aux anarchistes, et celui de la fidélité à la République et à la Constitution de l'an III; ne perdons jamais de vue le pacte social qui constitue *la Liberté*, *l'Égalité*, *la Fraternité*, et par conséquent *les Droits de l'homme et du Citoyen*.

Ne confondons pas le mot de cette *Liberté précieuse*, la seule des vrais Républicains, avec celui de la *Licence*, pour autoriser le plus fort, à maltraiter le plus foible ; rappellons - nous,

La Liberté

que les Droits de l'homme doivent être limités par la justice, qu'il ne doit agir que d'une façon parfaitement conforme au bonheur de tous, que tout Citoyen seroit injuste, si l'exercice de ses propres droits, ou de sa liberté, nuisoit aux droits, à la liberté, ou au bien-être des autres Citoyens.

L'homme en faisant usage de sa liberté, doit la faire précéder de la justice, qui en lui permettant de travailler à son propre bonheur, l'empêche d'exercer son pouvoir d'une manière nuisible à ses Concitoyens.

Ce n'est que par les lois, que la société règle les actions de ses membres, quelle les empêche de se nuire réciproquement.

Les Lois, n'étant autre chose que la volonté de tous, renferment les règles de conduite que chacun doit suivre; elles sont justes, puisqu'elles maintiennent chaque membre de la société dans ses droits, et qu'elles font le bonheur de tous.

L'Egalité. Nous sommes tous égaux, les lois naturelles le prononcent; celui qui se met au-dessus des autres, et qui paroit exiger qu'on le regarde tel, est par ce fait, et sous tous les rapports, au-dessous de tous, il ne peut être considéré, ni comme frère, ni comme ami; indigne de vivre sur le sol de la liberté, il porte dans son cœur la rage, le désespoir et les remors.

Dans les sociétés humaines, il faut admettre un mélange de bons et de méchans, de pauvres et de riches, d'individus qui obéissent, et d'autres qui commandent; ce qui suppose une échelle de subordination, par conséquent un chef, le premier chainon de *l'anneau social*, le dépositaire suprême de l'autorité publique; autrement la confusion, l'anarchie et la dissolution de la société. La Constitution a établi ce régime dans le Directoire; elle a été accepté par le vœu unanime de la Nation, par ses braves défenseurs; tous ont juré de la maintenir; tout homme sage ne peut qu'en souhaiter l'affermissement.

N'oublions jamais, que l'obligation imposée par la société à tout Citoyen, pour la garantie de ses droits, c'est l'abandon de sa personne, sous la direction suprême de la volonté générale, et celle de faire envers tous, ce qu'il desirerait qu'on fit envers lui ; celle enfin d'être juste et bienfaisant.

Considérons sans cesse, que la justice est la base de toutes les vertus ; qu'elle est la pierre fondamentale des Républiques ; et que, lorsque des hommes se sont rassemblés en une famille de frères, pour assurer leur bonheur, il faut que chacun par sa douceur, son humanité, sa soumission aux lois, sa subordination à ses chefs, son désintéressement, et toutes les vertus sociales, contribue autant qu'il est en son pouvoir, à la félicité de tous.

La Fraternité La fraternité n'existe souvent que dans le mot : L'homme riche, ainsi que le traitant et l'accapareur, égoistes hautains et faux pour l'ordinaire, détournent les yeux d'un malheureux accablé de faim, de fatigues et de douleurs.

Citoyens, qui vous décorés du beau titre de *peuple de frères*, volés au secours de l'indigent, pardonnés à l'erreur, ramenés avec le règne de la justice, celui de l'égalité et de la fraternité, que tous les bons Citoyens abjurant l'esprit de parti, soumis aux Lois, à la Constitution, ne forment qu'un seul corps ; que tous tendent au bien général et au salut public ; la République devient impérissable.

La vertu peut seule consolider cette liberté précieuse ; seule elle élève et agrandit l'âme ; seule elle porte au fond des cœurs l'amour de l'humanité ; on devient bon en faisant le bien.

L'homme vertueux supporte avec joie le fardeau d'une vie utile à ses semblables ; il sent qu'il existe un bonheur réservé aux seuls amis de la sagesse, et que la félicité est la force du sage.

L'homme vertueux ne s'érige point en censeur des actions de ses Concitoyens ; aimer sa patrie et ses frères, tel est son caractère ; ne connaître que la vertu et l'empire des Lois: est sa devise ; au milieu des disgraces, il attend (fort de sa conscience) du tems et de la justice, sa justification ; il respecte l'autorité, et considére ses Représentans comme ses péres : bon père, bon mari, ami sincère, soumis aux Lois de sa patrie, il compte ses jours par ses bienfaits ; sa récompense est dans son cœur ; il voit la mort sans la craindre.

Les ennemis du gouvernement ne sont pas tous détruits ; au loin ils manœuvrent ; de près ils intriguent.

Les amis des rois pourraient - ils trouver des amis parmi vous ? Les esclaves se flatteront - ils d'y rencontrer des protecteurs ?

Fuyés, Citoyens, ces hommes à beaux discours , ces élégans , qui dans les cercles se disent patriotes , et ne désirent dans leurs âmes que le retour de la roïauté.

Méfiés vous de ces usurpateurs de places , de ces êtres astucieux , qui sous le masque de la fraternité , cherchent à égarer les esprits sur l'énergie , la fermeté et la conduite du corps législatif.

Ouvrés les yeux , Citoyens , reconnoissés l'erreur que vous avez commise , en montrant de l'insouciance lors des élections ; et en récueillant les monstres du fanatisme , les prêtres réfractaires qui ont retracté leur serment , et abusé de votre crédulité.

Peuple francais ! deviens ton propre sauveur ; surveille tes magistrats ; encourage tous les vrais républicains dont la conduite n'a pas varié malgré l'oppression ; montre ta force et ton énergie, et tu n'auras plus à craindre de nouvelles sécousses.

Cette paix honorable, dont nous venons de célébrer la publication, va purger le sol de la République, des conspirateurs, des royalistes, des anarchistes, des fanatiques et des fripons, qui n'aspiroient qu'au moment fatal de déchirer son sein ; la journée du 18 fructidor a anéanti leurs complots parricides.

Ces jours de calamité, où à l'exemple de *Mahomet*, on annonçoit *l'Alcoran ou la mort*, sont passés ; le décrêt émané de la sagesse de nos Réprésentans, inspiré par l'Etre suprême, sur la liberté des cultes, laisse aux Citoyens paisibles, celle d'adorer Dieu, mais sans hipocrisie.

AUX PROTESTANS.

C'est à vous ! victimes infortunées du despotisme et du fanatisme, dont le couteau sacré inonda du sang de vos pères, par les ordres barbares des tirans Charles IX, Louis XIII, Louis XIV et Louis XV, la plus belle contrée de l'Europe ; c'est à vous, disais-je, à qui je m'adresse ; vous n'avés plus à redouter ces cruelles et criminelles persécutions, occasionnées par la révocation de *l'Edit de Nantes*, renouvellées dans les *Cévennes* et sur toute la partie de la *France* ; le temple simple et majestueux de la liberté s'est élevé sur les ruines de l'édifice barbare du despotisme *gotique*, et du fanatisme ultramontain ; le sceptre *des Antropohages*, l'autel de l'imposture et du mensonge sont brisés.

AUX JUIFS.

Quant à vous , *Enfans d'Israel !* honorés dans les fastes de la *Hiérarchie*, du titre de peuple de dieu ; trainés d'esclavage en esclavage , à la suite des chars des tirans *d'Asie* , gémissant sous leurs fers pendant nombre de siécles ; rebut des tirans européens ; condamnés chés les uns * au feu , par le seul fait de votre naissance ; tolerés, ensuite chés un peuple qui se croïant le plus policé de l'univers , vous assimiloit aux *bêtes de somme* ; ** qui plus que vous a dû se glorifier du beau nom de la liberté ?

Citoyens de tous les cultes , de tous les

---

* En Portugal.
** Strasbourg et Metz.

âges et de toutes les conditions ; je n'emploierai , pour vous rappeler vos devoirs envers la société, que la réponse d'*Egiste* à *Mérope :* * *Mon père soumis aux Lois, fait le bien , fuit le mal, et ne craint que les Dieux.*

CITOYENS SOLDATS.

C'est par votre valeur , votre constance , votre soumission aux Lois et à vos chefs , que l'aigle impériale, qui osoit orgueilleusement fixer de ses regards perfides , l'astre qui nous éclaire , a subi le joug des vainqueurs de *Fleurus* et d'*Arcoles.*

Vous avés vengé le genre humain, qui depuis tant de siècles gemissoit sous l'oppression ; il faut que les despotes périssent, et que les peuples soient libres ! L'humanité si longtems persécutée, doit l'emporter aujourd'hui sur le crime persécuteur.

Il ne vous reste qu'à confondre la morgue de cette nation fière et hautaine , qui se dit insolemment la dominatrice des mers. L'Irlande vous appelle , le peuple Anglais vous tend les bras ; *la Bastille anglaise ,*

---

* Voltaire.

la tour de Londres *, le palais du tiran de la *superbe Albion*, vont s'écrouler sous vos coups; la patrie le veut, l'humanité l'exige, votre vengeance l'ordonne, le Directoire vous y appelle.

Vous allez, Citoyens Soldats, voler à une nouvelle victoire, conduits par le héros de l'Italie, le restaurateur de la liberté, le pacificateur de l'Europe; vous ne cesserés d'être invincibles

Il est reservé à votre courage, à votre fermeté, et à vos travaux infatigables, d'accélérer cette paix universelle, la terreur des petits tirans couronnés, chancelans sur leurs trones, et de faire planer le génie de la liberté sur la surface des deux mondes. La main de l'Être suprême qui s'étoit appésantie sur nous, pour nous donner des rois dans sa colére, s'est rétirée; la révolution est son ouvrage, le bras de l'ange exterminateur s'est levé par ses ordres, a dirigé le votre, Citoyens Soldats, pour exterminer cette race impie qui avoit osé se dire les dieux de la terre, et les précipiter dans le néant, dont ils avoient été tirés.

---

* La tour de Londres est un vaste bâtiment flanqué de tours, bâti par Guillaume le conquérant, duc de Normandie, et depuis roi d'Angleterre. C'est la prison des criminels d'état.

Nous vous verrons dans peu, à l'ombre des lauriers si justement mérités, rendus parmi nous, ne cesser d'être les amis, les frères, les défenseurs de vos Concitoyens; toujours infatigables dans la paix, comme à la guerre, vous formerés nos enfans aux exercices et évolutions militaires; tous à votre exemple, deviendront Citoyens Soldats, toujours prêts à voler à la défense de la patrie, et à mourir pour elle.

MAGISTRATS,

Dépositaires des Lois et de la Constitution, le désir et l'espoir de la Nation; vous, dont le premier devoir est de protéger les foibles, secourir l'innocence opprimée; soyés prêts sans cesse, à combattre les efforts des contrerévolutionnaires, à déjouer les manœuvres des intrigans, les faire connaître au peuple; arracher le masque à ces hommes perfides qui le trompent, et qui, sous le faux prétexte de combattre la roïauté et l'anarchie, saisissent tous les moyens de les perpétuer.

Rome, la dominatrice de l'univers, nous apprend, comment on parvient à la liberté, comment on la conserve, comment on la perd.

Romulus son premier fondateur, ambitieux et hardi, n'eut pas assez de force pour établir une République, il abusa des hommes qu'il avait rassemblés, et règna sur eux. *Pharamond* chef de la légion des Francs, après avoir vaincu les Romains, fut porté par ses soldats sur un bouclier, et proclamé *Duc* ou *Chef;* il usurpa à la suite le *titre de Roi.*

Les Romains supportèrent la domination de *sept Rois;* la *France* en eut 66.

Tarquin le dernier de ces 7 Rois, fut chassé de *Rome* pour ses crimes; le trone fut renversé, et le gouvernement républicain s'établit sur les ruines du despotisme; le trone fut renversé en France par la mort du 66e roi, homme foible et trop facile pour une femme insatiable de luxe et de plaisirs; il paya de sa tête les crimes de Charles IX, et de ses successeurs.

Après la chute du trone, des ambitieux tentèrent d'élever des factions dans Rome pour établir leur domination sur les ruines du despotisme royal; elles furent écrasées par l'énergie du peuple. *La Fayette, Dumourier, Bouillé* et leurs complices les imitèrent.

Les Romains suivis partout de la victoire qu'ils dûrent à leur courage ; à leur constance dans les fatigues, à la sévérité de leur discipline ; n'ayant plus d'ennemis à combattre, firent succéder le luxe le plus effréné à la simplicité des mœurs, et devinrent le jouet de quelques intrigans, qui s'efforcèrent de perdre la la patrie par les guerres civiles. Le luxe le plus somptueux avait fait disparaitre à *Paris* cette simplicité des mœurs ; les complots odieux des royalistes et des Pichegruriens ont été anéantis dans la journée du 18 Fructidor, graces à la sagesse et à la vigilance de nos Représentans, et la République à été sauvée.

Dans le tems, où les Lois étaient sans forces et la liberté sans appui, *César* osa s'emparer de la souveraineté du peuple, un second *Brutus* le poignarda en plein Sénat, au moment où il allait se faire couronner Empereur ; tel fut le sort de *Robespierre*.

Un autre *César* sema par tout la terreur et le carnage, regna sous le nom d'Auguste ; tout trembla ensuite sous le joug du despotisme, et l'empire romain, après avoir englouti toutes les nations, fut détruit et divisé entre différens peuples qui s'établirent sur ses ruines.

Patriotes de 1789 ! vous qui restates purs au milieu des écueils révolutionnaires; *Généreux guerriers*, qui versates votre sang pour la patrie. *Citoyens* qui aimés l'ordre et la tranquillité, vous qui avés juré de soutenir le Gouvernement qui vous a été offert par la Constitution, ralliés vous pour l'intérêt de la patrie, vous éviterés le sort de *Rome*, et jouirés dans peu, des douceurs de la paix tant extérieure qu'intérieure, qui vous rameneront par dégrés l'abondance et le bonheur.

Ce n'est point moi, Citoyens, qui vous parle, c'est le cri de la Convention nationale dans son adresse au Peuple français, du 6 fructidor an 3, que je vous transmets.

Fidèles à nos devoirs, animés du feu sacré de la liberté, renouvellons dans cette auguste assemblée, le serment de haine à la roïauté, à l'anarchie, et de fidélité à la République, et à la Constitution de l'an 3, jurons tous de vivre libres, ou mourir à nos postes, en défendant la République une et indivisible.

VIVE A JAMAIS LA RÉPUBLIQUE FRANÇAISE !